AF497993

# MEMOIRE



POUR Louis-Pierre-Maximilien de Bethune, Duc de Sully, Pair de France, Chevalier de l'Ordre de la Toiſon d'Or, Marquis de Courville, Défendeur.

*CONTRE les Doyen, Chanoines & Chapitre de l'Egliſe de Chartres, Demandeurs.*

UNE Requête civile obtenuë contre un Arrêt rendu après dix-ſept années de procedures & douze ans de contradiction, forme l'objet de la Cauſe.

Le dol perſonnel & l'Egliſe non valablement défenduë, ſont les moyens que propoſe le Chapitre de Chartres.

Par rapport au premier, il ne conſiſte que dans une datte prétenduë fauſſe, donnée à deux actes produits par M. le Duc de Sully. Cette datte étoit indifférente & n'a point influé ſur la déciſion. D'ailleurs l'une étoit vraye & ſincere, l'erreur de l'autre a été connuë lors de l'Arrêt.

A l'égard du ſecond, le Chapitre de Chartres a fourni au Procès quatre pieces d'écritures, deux Mémoires imprimez. Il a multiplié les productions & les contredits, & on y trouve en ſubſtance tout ce qu'il prétend faire revivre. Quelle plus ample, quelle plus valable défenſe pouvoit-il propoſer ? Les pieces nouvelles qu'il préſente étoient en ſa poſſeſſion. Le Chapitre lui-même n'a pas cru devoir les communiquer, comme lui étans plus contraires que favorables. Quel ſuccès a-t'il pû ſe promettre d'une pareille tentative ? L'ordre public eſt intereſſé à la voir proſcrire.

## FAIT.

Le Fief de la Henriere actuellement poſſedé par les Religieuſes Bernardines de Courville, & ſitué dans la Paroiſſe de Chuiſnes, releve de la Baronie de Courville.

La preuve en eſt écrite dans une ſuite d'actes de foi & hommage, &

A

d'aveux & dénombremens que les Proprietaires de ce Fief ont fucceffi-
vement rendus aux Seigneurs de Courville depuis plus de quatre fiécles,
& dans une pareille fuite d'aveux de la Baronie de Courville rendus au
Roi, à caufe de la Tour de Chartres. Ces aveux reportent la Henriere
en arriere-Fief. Sa confiftance & fes dépendances font rappellées, & par
conféquent établies par les mêmes titres.



En 1631 l'auteur des Religieufes de Courville, ou par erreur, ou par
quelque autre motif fecret que l'on ignore, a reconnu tenir en cenfive
du Chapitre de Chartres à caufe de fa Seigneurie de Landelle, quelques
portions d'heritages qui ont toujours fait partie du Fief de la Henriere.

Ces Religieufes ont fuivi la même erreur dans trois déclarations pof-
terieures qui ont été copiées les unes fur les autres.

Ces portions de terres n'ont pas moins été fervies en Fief pendant ce
tems; elles ont toujours été comprifes dans les aveux que les Religieufes
& leur auteur en ont rendus aux Seigneurs de Courville; enforte que les
mêmes terres qui avoient été précedemment comprifes dans les aveux
rendus à Courville, comme faifant partie du Fief, ont été depuis 1631
reportées à deux Seigneurs, à l'un en Fief, à l'autre en Cenfive.

Les Religieufes de Courville ont enfin reconnu l'erreur. Pourfuivies
en 1725 par le Chapitre de Chartres afin d'exhibition de titres, paye-
mens de droits pour terres nouvellement acquifes dans fa Seigneurie de
Landelle, & fingulierement d'un droit de champart fur une piece de
huit feptiers, fife derriere le lieu de la Henriere, & fur une autre piece de
feize feptiers, fife au même lieu, elles ont dénoncé ces demandes à M.
le Duc de Sully, & l'ont fommé de prendre leur fait & caufe, finon & ou
le Chapitre feroit juger que le champart lui feroit dû fur ces terres,
qu'elles feroient déchargées de le fervir à l'avenir, à raifon de ces mêmes
pieces.

Elles expliquent dans cet acte qu'il s'étoit gliffé plufieurs erreurs dans
les déclarations qu'elles avoient paffées au Chapitre, qu'on y avoit compris plufieurs pieces de terres, comme étant dans la cenfive de Landelle
& chargées d'un champart, qui étoient néanmoins tenues noblement de
la Baronie de Courville, comme faifant partie de leur Fief de la Henriere,
& à ce titre, reportées dans tous les aveux qu'elles & leurs auteurs
avoient rendus à la Seigneurie de Courville.

Elles ajoutent qu'outre les deux pieces de huit & de quatre feptiers
pour lefquelles elles étoient affignées, il y avoit cinq autres pieces qu'elles
défignerent, qui fe trouvoient comprifes par la même erreur dans leurs
déclarations au Chapitre, & dans les dénombremens donnés à Courville;
que c'étoit au Chapitre de Chartres & à M. le Duc de Sully à s'accorder
fur leurs mouvances; qu'au cas qu'elles fuffent jugées relever en Fief de
Courville, le Chapitre feroit condamné à leur reftituer le champart in-
dûment perçu avec les interêts, qu'elles en demeureroient déchargées
à l'avenir, & ces pieces rayées de leurs déclarations; qu'au cas au contraire qu'elles fuffent jugées être dans la cenfive de Landelle, M. le Duc
de Sully feroit tenu de leur reftituer les rachats & reliefs qu'il a perçûs
ou fes auteurs, fuivant l'évaluation, avec les interêts, qu'elles feroient
déchargées de l'en fervir en Fief à l'avenir, & que ces pieces de terres

feroient rayées de leur aveu & dénombrement de 1657 ; & de tous autres.

Comme les Proprietaires de la Henriere étoient connus pour poffeder depuis long-tems quelques heritages dans la cenfive de Landelle fujets au champart, autres que ceux qui font l'objet de la conteftation ; M. le Duc de Sully avoit d'abord déclaré qu'il n'entendoit point prendre leur fait & caufe, à raifon de ce champart. Ce ne fut qu'après avoir pris communication de l'Inftance pendante aux Requêtes du Palais, qu'il reconnut que cette conteftation l'intereffoit particulierement, en ce qu'on prétendoit diftraire de fa mouvance fix différentes pieces qui avoient toujours relevé en Fief de la Baronie de Courville ; & qu'il fe détermina à fe rendre Partie pour foutenir les droits de fa Seigneurie,& arrêter l'ufurpation du Chapitre.

*N.* M. le Duc de Sully ne s'eft jamais defifté de fes droits, comme on le fuppofe fauffement dans le Memoire du Chapitre. Il a fimplement déclaré qu'il ne prendroit point le fait & caufe des Religieufes pour le champart qu'elles pouvoient devoir au Chapitre.

Par une Requête du 15 Septembre 1730, il demanda que fans s'arrêter au chef de conclufions des Religieufes, concernant les deux pieces de huit & de quatre feptiers défignées dans leur aveu de 1657, qu'elles prétendoient ne plus poffeder, la piece de huit feptiers rappellée dans les déclarations qu'elles pouvoient avoir paffées au Chapitre , celles de quatre , de fix , de deux , de trois , de feize feptiers,& la Noue , défignées dans leur aveu de 1657, & autres anciens titres de fa Seigneurie de Courville , fuffent rayées & diftraites des déclarations paffées au Chapitre , à caufe de fa Seigneurie de Landelle ; & que ces mêmes pieces demeuraffent, comme elles ont toujours été , dans la mouvance de fa Seigneurie de Courville , comme ayant toujours fait partie du Fief de la Henriere ; & afin qu'on ne pût élever de doute fur l'identité de ces pieces poffedées par les Religieufes avec celles reportées dans fes aveux , il ajoûta qu'où la Cour trouveroit la moindre difficulté à lui adjuger fes conclufions pour ces mêmes pieces de terre , enfemble celles qui compofent & font partie du Fief de la Henriere , fuivant & aux termes de fes aveux & dénombremens, elles fuffent vûes, mefurées & arpentées , pour le Procès-verbal fait & rapporté, être maintenu & gardé en fa qualité de Marquis de Courville , dans la même quantité & fituation des Terres énoncées dans fes dénombremens , & qui ont toujours compofé la totalité & le corps entier du Fief de la Henriere.

Pour appuyer fes conclufions, il n'étoit queftion que de produire dans leur ordre fes différens titres ; fes Gens d'affaires abufez par l'idée qu'on ne ftatueroit rien qu'au préalable le mefurage & l'arpentage qu'il propofoit ne fût fait , négligerent de le faire ; & cette négligence donna lieu à la Sentence des Requêtes du Palais du 25 May 1735, par laquelle le Chapitre de Chartres fut maintenu & gardé dans fa cenfive fur tous les heritages énoncez ci-deffus , & il fut ordonné qu'ils feront rayez des aveux rendus à la Seigneurie de Courville.

M. le Duc de Sully n'a point été inquiet de ce Jugement , fon feul objet fur l'appel a été de réparer la négligence qui l'avoit occafionné, & en produifant les différens titres qui ne l'avoient point été aux Requêtes du Palais , de mettre fon droit dans le jour où il eût dû d'abord paroître.

Le Procès a duré fept ans fur l'appel. Les Défenfeurs du Chapitre ont épuifé toute leur Rhétorique à contredire les titres de M. le Duc de

Sully. Mais cette érudition déplacée, a été impuissante dans un Tribunal instruit des regles. Le 29 Août 1742 il est intervenu Arrêt en la quatriéme Chambre des Enquêtes au rapport de M. l'Espine de Grainville, en conformité des conclusions du Ministere public, par lequel la Sentence a été infirmée, émendant, il est ordonné que toutes les pieces de terres contentieuses, employées dans les dénombremens rendus aux Seigneurs de Courville par les auteurs des Religieuses, & par les Religieuses elles-mêmes, seront rayées des déclarations de 1676 & 1718, ou autres que les Religieuses peuvent avoir passées au profit du Chapitre, à cause de sa Seigneurie de Landelle, & qu'elles demeureront dans la mouvance directe de la Seigneurie de Courville, comme faisant partie du Fief de la Henriere. Le Chapitre de Chartres est débouté de sa demande, à fin de payement du droit de champart sur ces terres, & il est condamné à en restituer vingt-neuf années d'arrerages, du jour de la premiere demande, & en tous les dépens envers toutes les Parties.

Cette restitution ordonnée par l'Arrêt a affligé le Chapitre de Chartres. Il n'a pas imaginé d'expédient plus sûr pour en retarder le payement que de se pourvoir contre l'Arrêt par Requête Civile, dans l'idée que les Religieuses de Courville qui en craindroient le succès n'oseroient mettre leur Arrêt a exécution. Cet expédient lui a réussi, & c'est le seul avantage qu'il puisse en tirer.

Il ne propose pour moyen de Requête Civile que le dol personnel des Gens d'affaires de M. le Duc de Sully, & celui d'Eglise non valablement défendue.

Le prétendu dol personnel se réduit à dire qu'on a donné à des pieces informes une datte ancienne, quoiqu'elles n'en eussent aucune, ce qui a induit les Juges dans l'erreur.

L'Eglise non valablement défendue consiste en ce que le Chapitre n'a pas produit ses meilleurs titres, & a négligé les réponses les plus solides qu'il pouvoit opposer contre ceux de M. le Duc de Sully.

On se flatte au contraire d'établir :

1°. Que la Requête Civile est absolument sans objet, & que l'Arrêt du 29 Août 1742, a statué sur la contestation de la seule maniere qui fût conforme aux regles, ce qui doit rendre bien plus difficile sur les moyens de Requête Civile, puisqu'il seroit de la derniere inutilité d'anéantir un Arrêt pour être obligé de juger ensuite de même.

2°. Qu'il n'y a réellement aucun moyen de Requête Civile, que le dol personnel est une chimere qui n'existe que dans l'imagination des Agens du Chapitre, & qu'on peut d'autant moins douter que l'Eglise n'ait été défendue valablement, qu'il ne propose aujourd'hui que les mêmes moyens & les mêmes contredits, qui ont été, avec raison, proscrits par l'Arrêt.

## PREMIERE PROPOSITION.

*La Requête Civile n'a point d'objet.*

Cette proposition s'établit par la comparaison des titres de M. le Duc

de

de Sully, avec ceux reprefentez actuellement par le Chapitre de Chartres.

Pour en fentir la force, il eft néceffaire d'obferver que le chef-lieu & la plus grande partie des Terres de la Henriere, font fituez dans la Paroiffe de Chuifnes, qui releve en entier de la Baronie de Courville; le furplus s'étend dans les Paroiffes de Courville & de Landelle. M. le Duc de Sully ne prétend la directe que fur les Terres qui font dans les Paroiffes de Chuifnes & de Courville. Il ne contefte point au Chapitre la Seigneurie cenfuelle & le champart fur les Terres qui font dans l'enclave de fa Terre de Landelle. Cette obfervation eft importante. En effet, il n'eft pas naturel de préfumer que le Chapitre de Chartes eût des droits de Seigneurie & de champart fur des Terres enclavées dans les Seigneuries de Chuifnes & de Courville qui ne lui appartiennent pas. Il eft plus fimple de n'entendre les titres qu'il reprefente que des Terres appartenans aux Seigneurs de la Henriere, fituées dans l'étenduë de fa Seigneurie de Landelle, conformément à la maxime fi connuë : *Dominus fuperior habens jurifdictionem territorii eft fundatus in Jurifdictione, in qualibet parte, & loco territorii.* Molin. art. 68, n. 6.

*N4. Le Chapitre de Chartres ne perçoit aucuns droits Seigneuriaux dans la Chatellenie de Chuifnes, quoiqu'il dife le contraire dans fon Memoire. M. le Duc de Sully en eft feul Seigneur.*

Cette obfervation préliminaire faite, il faut paffer au parallele des titres refpectifs des Parties. Autant ceux de M. le Duc de Sully font puiffans & frappez au coin de la véritable proprieté, autant ceux du Chapitre font modernes, & marquez au coin de l'ufurpation.

Les titres de M. le Duc de Sully fe partagent en deux claffes, les aveux que fes auteurs ont rendus au Roy, de la Baronie de Courville, ceux qui leur ont été rendus par les Proprietaires du Fief de la Henriere ; leur réunion ne laiffe rien à défirer.

La premiere claffe prefente cinq aveux confécutifs, des années 1366, 1529, 1602, 1661 & 1679.

Le premier de 1366 eft rendu au Roy à caufe de fon Château de Chartres, par Jean, Sieur de Vieux-Pont & de Courville, Chevalier. Il eft conçû en ces termes :

*N4. Les nouveaux contredits du Chapitre contre cet aveu, ne font pas plus folides.*

*Les champarts du Ticlin font fituez à Courville, & non à Prunay-le-Gilon, ainfi que le Chapitre le fuppofe dans fon Memoire d'après l'aveu de 1366, qui n'en dit rien.*

*Ce n'eft pas non-plus, comme on le fuppofe de fa part, le fixiéme du champart que l'aveu dit monter à trois muids, mais tous les champarts réunis. Si le Chapitre eût voulu faire cette réflexion que l'acte prefente de lui-même, il fe feroit épargné bien de faux & d'inutiles calculs.*

*Il allegue avec auffi peu de fondement que la Henriere n'a jamais appartenuë à perfonne de ce nom ; le nom de ce Fief prouve le contraire. L'argument du Chapitre, à cet égard, eft appuyé fur un acte pofterieur de 132 ans à l'aveu de 1366, & ne peut par confequent rien prouver.*

*Item, les hoirs de feu Eftienne de la Henriere, qui tient la fixiéme partie de tous les champarts du Ticlin, & de toutes les appartenances d'icelui lieu qui fouloient monter par chacun an environ trois muids. Item, la fixiéme partie de la rente des cens fur iceux champarts, qui vallent & peuvent valoir par chacun an environ 2 f. Item, demi quartier de Terres. Item, quatre feptiers de grains de rente fur la fixiéme partie de Robert Grenier. Item, quatre autres feptiers de rente fur la partie de Colin Vimain, par raifon de Collette fa femme,* ET TOUT EN UNE FOY.

On convient que ce titre ancien ne s'explique pas avec autant d'évidence que ceux qui ont fuivi ; mais il faut avouer auffi qu'il y en a affez pour faire connoître que la plus grande partie des Terres qui compofent le Fief de la Henriere étoit pour lors donnée à champart, ou à rente en grains, & qu'il relevoit de la Baronie de Courville, fans cela on n'y trouveroit pas reporté en arriere-Fief les hoirs d'Eftienne de la Henriere.

Le Chapitre a oppofé contre cet aveü, que la Henriere n'y étoit point reporté comme arriere-Fief, & qu'il ne contenoit aucun détail des heritages dont il pouvoit être compofé. On lui a répondu :

1°. Que cet aveu reporte au Roi comme hommes de Fief les hoirs d'Etienne de la Henriere, que le nom des poffeffeurs employé pour la chofe même dénotoit évidemment l'origine de l'inféodation & la conceffion faite à Etienne de la Henriere dont le Fief a retenu le nom ; qu'ainfi il en réfultoit que ces hoirs étoient hommes de Fief à raifon des champarts & rentes énoncez dans l'article ; que d'ailleurs ces champarts & rentes reportez au fuzerain, marquoient clairement que les heritages qui y étoient fujets étoient tenus en Fief, attendu qu'on ne reporte point au fuzerain de fimples rotures.

2°. Que fi la quantité des Terres qui compofoient ce Fief n'étoit pas exprimée, ce n'étoit que parce que cet aveu n'étoit point un aveu de la Henriere, mais un aveu de la Seigneurie de Courville, dans lequel il étoit alors d'ufage de ne point entrer dans un fi grand détail.

M. le Duc de Sully a établi cet ufage par des titres contemporains qui juftifioient que dans les 12 & 13°. fiécles, on commencoit à peine à détailler les Fiefs qui avoient été fervis & reportez aux fuzerains fous la fimple dénomination du poffeffeur ou du nom du Fief, fans autre détail, foit à caufe de la grande autorité des Seigneurs fuzerains qui n'avoient point à craindre l'ufurpation de leurs Vaffaux, foit peut-être parce que ces Fiefs fe perpetuant dans les familles, on regardoit comme fuperflu le détail d'une confiftance auffi connuë. Il a fingulierement produit fur ce point un autre aveu de la Seigneurie de Courville de 1382, dans lequel on voit que cette Seigneurie, quoique confiderable, ne fut reportée au Roy que fous la dénomination generale de Châtel, Châtellenie de Courville, Terres, Juftices, appartenances & dépendances, fans aucune autre explication.

Il a ajouté que le Sr. de Vieux-Pont lui-même rendoit compte de fon filence fur la confiftance & l'étenduë de ces arieres-Fiefs, à la fin de cet aveu de 1366, d'autant qu'il y eft dit, *qu'il ne peut déclarer plus pleinement les chofes deffus dites, & plufieurs autres Vaffaux qui tiennent de lui, parce que partie des aveux rendus à fes prédeceffeurs, & les regiftres anciens ont été transferez ailleurs à caufe des guerres, & que partie des Vaffaux font morts, & les Terres demeurées en friche* ; qu'ainfi de ce que cet aveu reporte fimplement au Roy les hoirs de feu Etienne de la Henriere, & de ce qu'il n'entre point dans le détail de la confiftance du Fief, on ne devoit pas en conclure que fa mouvance de la Seigneurie de Courville & la confiftance du Fief ne fuffent les mêmes lors de cet aveu, qu'elles font indiquées dans les aveux pofterieurs ; mais qu'au contraire ce titre devoit être confideré comme la tige & la fource de tous les autres qui ont fuivi.

Il faut être auffi peu raifonnable que le Chapitre de Chartres, pour infifter encore fur ces objections que l'Arrêt a profcrites, & pour prétendre férieufement que le premier & le plus ancien titre féodal eft en leur faveur, quand la premiere piece qu'ils reprefentent qu'on puiffe décorer de ce nom, n'a été formée que trois fiécles après.

Le fecond aveu de la Terre de Courville rendu au Roy par François de Billy, eft du 18 Août 1529, & eft conçû dans ces termes :

*Item, Noble Homme Jacques de Renty, Seigneur de Montigny, lequel tient de moi deux Métairies, l'une appellée la Henriere, affife en la Paroiffe de Chuifnes ; l'autre en la Paroiffe de Saint Luperre.*

Le troifiéme du 13 Septembre 1602 a été rendu par Théodore de Ligneris, Chevalier des Ordres du Roy.

*Item*, y eft-il dit, *le Fief & Métairie de la Henriere qui fe confifte en une maifon, grange, cour, jardin, garenne, avec le Domaine qui en dépend, contenant huit muids de Terre ou environ, en plufieurs pieces affifes près led. lieu de la Henriere & ès environs, avec la cenfive de Cleraut, le tout de prefent appartenant à Joachim le Vaffeur, Seigneur d'Allier & dudit lieu de la Henriere, dont de tout la déclaration enfuit. &c.*

On trouve enfuite dans le plus grand détail toutes les pieces de Terre de la Henriere, rappellées en feize articles, par bouts & tenans, & nombre de feptiers, & dans ce nombre font les fept pieces qui étoient prétendues au Procès par le Chapitre de Chartres.

Cet aveu fut vérifié à Chartres & à Paris, & reçu enfuite par deux Sentences, l'une du Bailliage de Chartres, l'autre de la Chambre du Tréfor ; *après avoir été d'abord blámé par le Procureur du Roy, & enfuite juftifié par titre être felon fa forme valable, & y avoir employé ce qui eft des droits de la Baronie, conformément aux deux aveux de 1366, & de 1529.*

Le quatriéme aveu en datte du premier Juillet 1661, rendu par Maximilien-Alpin de Bethune, ayeul de M. le Duc de Sully, quoique plus laconique ne s'exprime pas avec moins d'énergie. *Item*, y eft-il dit, *le Fief, Terre & Métairie de la Henriere, ce confiftant en Manoir, Terres labourables, Bois, Cens, Rentes & autres droits.*

Le cinquiéme en datte du 2 Janvier 1679, a été rendu par Dame Catherine de la Porte, auffi ayeule de M. le Duc de Sully, & contient les mêmes détails des pieces qui compofent le Fief de la Henriere, que ceux dans lefquels étoit entré l'aveu de 1602.

Le Chapitre a combatu ces aveux de toutes les manieres ; il les a attaquez dans la forme & au fonds, il a foutenu que les uns n'étoient point entiers & n'avoient point de datte, & que les autres n'avoient point été reçus. Il a prétendu d'un autre côté que c'étoit *res inter alios acta*, qui ne peut nuire à des tiers qui n'y ont point été Parties

Cette critique a été méprifée avec raifon. Les aveux étoient en forme probante, & la meilleure partie avoit été reçue. Le moyen burfal qu'ils ne forment pas de titres contre des tiers, eft décredité depuis trop long-tems dans le Tribunal pour qu'il y fût écouté, les titres primitifs étans devenus partout la victime des tems, il a été indifpenfable de fe réduire à des titres déclaratifs tels que les aveux. *Vanum eft*, dit d'Argentré, *ut in tantá rerum antiquitate, & cafibus reperiri inveftituræ quæant.* D'ailleurs ils étoient accompagnez de la poffeffion qui leur donnoit le caractere de contradiction, qui fans cette poffeffion eût pû leur manquer. Y a-t-il quelqu'un qui puiffe ferieufement propofer qu'en déferant à ce premier genre de preuves, l'on ait mal jugé.

Le fecond genre de preuves rapporté par M. le Duc de Sully, qui confifte dans les aveux rendus à la Baronie de Courville, par les Seigneurs du Fief de la Henriere, ne méritoit pas moins la confiance de la Juftice.

Le premier de ces aveux est du 11 Octobre 1512, 120 ans avant le premier titre du Chapitre. Le S<sup>r</sup>. de Renty Seigneur de Montigny & de la Henriere y désigne toutes les Terres qui composent la consistance de son Fief, & chaque piece par la quantité de septiers dont elle est composée; cette quantité se rapporte précisement à celle des Terres reclamées par le Chapitre dans le Procès, ensorte que l'identité n'en pouvoit être contestée, & a d'ailleurs été établie par un plan que M. le Duc de Sully a fait dresser, dont l'exactitude a été avouée par toutes les Parties.

Le second aveu datté par erreur en marge du 18 Juin 1538, & qui n'a été rendu qu'en 1550 ou 1551, ainsi qu'il paroît par la procuration qui est au pied, est passé par un Fondé de procuration de Dame Agnès de Renty, Dame de la Henriere, à la Dame de Baumanoir veuve du sieur de Billy, Baron de Courville. On n'entrera dans aucun détail des articles qu'il contient; il suffit d'observer que les mêmes articles y sont désignez avec les mêmes quantitez de Terres que dans celui de 1512,

Le Chapitre de Chartres a objecté dans le Procès contre ces deux pieces, que les Terres qui composoient le Fief de la Henriere ne pouvoient être aussi considérables que ces titres le désignoient, sur le fondement que dans une déclaration du même Fief, fournie au Bailly de Chartres, Commissaire du Roy en cette partie, le 7 Avril 1540, par Dame Agnès de Renty, veuve du sieur Antoine le Vasseur, en exécution des Lettres Patentes du Roy François I. du mois d'Octobre 1539; elle ne parle que de la maison contenant quatre arpens ou environ, & dix-neuf septiers en une piece, sise au même lieu.

On a répondu à cette objection;

1°. Que cette déclaration n'étoit point donnée à la Seigneurie de Courville, & qu'elle n'étoit point contradictoire avec les Seigneurs de Courville, qu'ainsi elle ne pouvoit former un titre contr'eux.

2°. Que la fausseté en étoit demontrée non-feulement par l'aveu de 1512, qui contient une bien plus grande quantité de Terres que celle déclarée par Agnès de Renty devant le Bailly de Chartres, mais encore par celui qu'elle avoit rendu elle-même, à peu près dans ce tems, à la Baronie de Courville.

3°. Que cet aveu meritoit d'autant plus de foi qu'il ne contenoit que la même quantité d'heritages & les mêmes pieces de Terres que celle énoncée dans les aveux posterieurs; & qu'une déclaration donnée gratuitement au Bailly de Chartres pour remplir une simple formalité, & dans la vûë de déguiser une partie de la tenure, ne pouvoit jamais être comparée avec ces aveux, par la raison que le Seigneur dominant auquel ils sont rendus, est seule Partie interessée à la verité ou à la fausseté du dénombrement, & du détail qui y est nécessaire. Une objection refutée aussi solidement ne devoit pas trouver place dans la Requête Civile du Chapitre. Cependant elle en reçoit encore une plus décisive, en ce qu'il est prouvé par cet aveu même, qu'Agnès de Renty ne possedoit qu'une portion du Fief de la Henriere.

Le troisiéme aveu en datte du 11 Décembre 1550, a été rendu par

Joachim

Joachim le Vaſſeur, Seigneur du Fief de la Henriere, à la Dame de Beaumanoir, Dame de Courville ; la conſiſtance en eſt exprimée de même
que dans les deux précedens, & on a rapporté pareillem ent toutes
les Terres contentieuſes que le Chapitre prétendoit ſujettes à champart envers lui. A la ſuite de cet aveu eſt celui de Leonard le Vaſſeur du
28 Mai 1551 pour la portion qui lui appartenoit dans le même Fief.

Le quatriéme aveu eſt du 4 Novembre 1600. Il contient d'abord un
acte * de foi & hommage rendu par Joachim le Vaſſeur, Sieur d'Allieres,
pour le Fief de la Henriere, au ſieur de Ligneris, Chevalier de l'Ordre du
Roy, & à la Dame Françoiſe de Billy ſon épouſe, à cauſe de leur Baronie de Courville ; & c'eſt au pied de cet acte que ſe trouve l'aveu & dénombrement. Le Fief de la Henriere y eſt déſigné conſiſter en maiſons,
manoirs, granges, cours, pâtis, buiſſons, nouës, terres labourables &
non labourables, le tout contenant ſix muids ſept ſeptiers en pluſieurs
pieces ès environs le lieu & Métairie de la Henriere.

> ** Nota. Cet acte contient quittance de 150 écus pour payement de rachats, & mainlevée de ſaiſie féodale.*

Le ſieur d'Allieres y rappelle un acte de foi de Joachim le Vaſſeur ſon
pere, du 15 Octobre 1561, & des offres de foi faites par la Dame
Agnès de Ranty ſa veuve le 20 Octobre 1576, avec celles qu'elle avoit
précedemment faites le 30 Avril 1528. Vit-on jamais des titres mieux
ſuivis & en meilleur ordre ?

A la ſuite de ces aveux, M. le Duc de Sully a produit l'extrait d'un
partage fait entre les Sieur & Dame de Ligneris, Seigneurs de Courville,
le premier Février 1617, par lequel il eſt pareillement juſtifié que les
Terres qui compoſent le Fief de la Henriere, montoient à 86 arpens ou
environ ; cette piece ne laiſſe rien à deſirer ſur la conſiſtance du Fief.

Le cinquiéme aveu eſt du 30 Mai 1620, & a été rendu par le ſieur
le Vaſſeur d'Allieres fils, au ſieur de Ligneris ; on y trouve les mêmes
déſignations, & les mêmes quantitez de Terres que dans les précedentes ; il en renouvella la foi & hommage, tant pour lui que pour ſes freres
& ſœurs, le 17 Juillet 1621, qui a été ſuivi d'un autre le 4 Décembre
1626, qui contient quittance de deux rachats.

Quelque tems après, le ſieur de la Motte de Chalerne ayant acquis
le Fief de la Henriere des ſieurs d'Allieres par contrat du 21 Mai 1627,
en porta la foi & hommage au ſieur de Ligneris le 11 Juin ſuivant ; * la conſiſtance y eſt déſignée dans les mêmes termes : le tout, y eſt-il dit, contenant ſix muids trois ſeptiers de Terres en pluſieurs piéces aux environs
de la Henriere.

> ** Nota. Cet acte de foi fait mention du payement du droit de rachat.*

Le ſieur de Ligneris lui accorda par le même acte le droit de Colom-
bier à pied & de Garenne, avec permiſſion de faire bâtir un Pont-levis
au lieu de la Henriere, dont il feroit mention dans l'aveu qu'il fourniroit
dans le tems de la Coutume.

Le ſieur de la Motte prit poſſeſſion de la Henriere par acte paſſé devant
Notaires à Courville le 22 Juin 1627, il contient la même déſignation
& la même quantité de toutes les pieces de terres dont ce Fief eſt com-
poſé ; & il en fournit l'aveu & dénombrement le 10 Juillet ſuivant ſur
ce pied. Il y a plus, au mois de Juin 1631, il fit faire un arpentage de
toute la Terre ; l'étendue & la conſiſtance du Fief eſt fixé par cet acte,
ainſi que dans la priſe de poſſeſſion, telle qu'elle eſt énoncée dans les
aveux précedens.

Le fieur de la Motte étant décedé en 1633, le fieur Berault, ayeul maternel de Marguerite fa fille mineure, âgée de trois ans, demanda fouffrance ; le Comte d'Orval, alors Baron de Courville, la lui accorda par acte du 7 Avril de la même année.

Cet acte repréfenté par les Religieufes de Courville, contient auffi le détail des mêmes pieces, & des mêmes quantitez de Terres qui ont toujours compofé la totalité du Fief.

En 1656, Marguerite de la Motte, femme feparée de biens du fieur de Vafconcelles, a vendu la Henriere au fieur du Mouchet, & le fieur du Mouchet l'a peu après revendue aux Religieufes de Courville.

Le 30 Juillet 1657, Nicolas Gueffier nommé par elles pour homme vivant & mourant, & fondé de leur procuration, porta la foi & hommage du même Fief au Baron de Courville,* & en fournit en même-tems l'aveu & dénombrement conforme aux précedens, & à tous les autres titres qui avoient été remis entre leurs mains.

* *Nota.* Cet acte de foi fait également mention du payement de deux rachats.

En 1712, le fieur Gueffier étant décedé, la Demoifelle de Bethune & la Dame Marquife de Colaincourt qui fe prétendoient Propriétaires de la Baronie de Courville, firent faire une faifie féodale fur les Religieufes le 26 Septembre 1712, qui contient la même défignation & la même quantité de piéces de Terres qui font énoncées dans les précedens actes. Pour en faire ceffer l'effet, les Religieufes ont rendu la foi à M. le Duc de Sully le 7 Novembre fuivant,* & lui ont préfenté un nouvel homme vivant & mourant.

* Cet acte contient pareille mention du payement du droit de rachat.

On demande fi dans de pareilles circonftances il étoit permis au Chapitre de Chartres de fe flatter d'enlever à M. le Duc de Sully la mouvance fur des pieces de terres demontrées relever de fa Baronie de Courville par des titres auffi invincibles & auffi parfaitement fuivis. Ces mêmes titres prouvoient la poffeffion immemoriale des Seigneurs de Courville, & que dans tous les tems, ils en avoient été fervis par les differens Propriétaires qui s'étoient fuccedez, fans qu'il y eût jamais eu la plus legere difficulté entr'eux fur la confiftance de ce Fief. L'Arrêt ne pouvoit donc que maintenir M. le Duc de Sully dans la directe fur les pieces de terres rappellées & défignées dans tous ces titres, & fituées dans l'enclave de fes Seigneuries de Courville & de Chuifnes, fauf au Chapitre de Chartres à fe faire payer du droit de Champart par lui prétendu fur les autres pieces de terres fituées dans l'étendue de fa Seigneurie de Landelle.

Mais, fi ces titres font puiffans par eux-mêmes, & s'ils ont dû procurer à M. le Duc de Sully le fuccès qu'il a obtenu, ils acquierent une nouvelle force quand on les rapproche des titres produits alors par le Chapitre de Chartres, & de ceux mêmes qu'il y ajoûte aujourd'hui.

Le premier titre du Chapitre de Chartres eft une Sentence du 4 Janvier 1525, par laquelle le Proprietaire de la Henriere a été condamné à lui payer le droit de champart ; mais cette piece loin d'être favorable au Chapitre, fuffiroit pour fa condamnation. Pour en juger, il ne faut que rapporter le langage même que le Chapitre de Chartres y tient.

La conteftation étoit née à l'occafion du trouble que les Doyen & Chapitre de Chartres prétendoient avoir reçu dans leur poffeffion, &

ils étoient Demandeurs & Complaignans en cas de faisine ou nouvelleté; c'est ainsi que l'acte s'exprime.

*Sur ce que lesdits Demandeurs disoient qu'à cause de la fondation, dotation & augmentation de lad. Eglise de Chartres, duëment leur competoient plusieurs Villes, Terres & Seigneuries, droits, prérogatives & prééminences, & entr'autres la Terre & Seigneurie de Landelle, en laquelle ils auroient Justice, haute, moyenne & basse-Justice, cens, rentes, dixmes, champarts & autres droits Seigneuriaux, & d'icelle Terre & Seigneurie de Landelle étoient & dépendoient plusieurs Villages & Terroirs sujets à leur payer le droit de champart, & entr'autres une piece de terre contenant six septiers ou environ aussi en ladite Terre & Seigneurie de Landelle ou Terroir de la Henriere jouxte le Prieur de Chuisnes, d'un côté, & d'autre au chemin tendant de ladite Henriere aux terres de la Maladerie de Chuisnes, & une autre piece de Terre contenant quatre septiers ou environ, assise en la Seigneurie de Landelle aux Terroirs de Henriere, tenant d'un côté à Me. Antoine de Beau, & d'autre aux terres de la Métairie de la Henriere aboutissant d'un bout au grand chemin tendant de Pongeoin à Courville, & d'autre bout aux Jardins de ladite Métairie, & desquelles les Demandeurs étoient en possession & saisine d'y prendre le droit de champart, icelles bailler & faire bailler toutes & quantes fois que bon leur semble au plus offrant & dernier encherisseur, & autrement en faire à leur plaisir & volonté, en possession & saisine, qu'avant qu'aucun des temps, détempteurs ou Propriétaires desdites Terres & heritages puissent enlever, ne emporter aucuns grains, fruits crûs desdites Terres, qu'ils y sont tenus appeller les Demandeurs ou les Commis ou Députez à champart, compter & nombrer les gerbes venues desdites Terres, selon & ainsi qu'il est requis de faire, &c.* La Sentence qu'il obtint fut conforme à ces conclusions, & lui ajugea le champart sur les deux pieces de terres sur lesquelles il le réclamoit.

Il resulte de cette Sentence que le Chapitre de Chartres ne prétendoit alors le champart que sur deux pieces de terres de celles appartenantes au Proprietaire de la Henriere, l'une de six septiers & l'autre de quatre, & qu'il ne prétendoit rien sur toutes les autres, quoiqu'il soit justifié par le dénombrement du 11 Décembre 1512 que le sieur de Ranty, Seigneur de la Henriere possedoit dès-lors les autres pieces qui ont formé depuis l'objet de la contestation. Si ces autres pieces avoient été dans la Seigneurie censuelle du Chapitre à cause de sa Seigneurie de Landelle, il n'eût pas manqué de l'exprimer, & c'est le cas où l'on peut dire que la maxime, *inclusio unius est exclusio alterius*, devenoit un argument victorieux contre le Chapitre, puisque le Chapitre percevant encore actuellement le droit de Champart sur les dix septiers de terres qu'il demandoit alors uniquement, & que la Sentence lui ajuge, il est sensible que l'Arrêt ne lui a fait aucun tort en le réduisant à ce que son premier titre lui accordoit.

Outre cette Sentence, le Chapitre a produit dans le procès quatre déclarations en datte des 20 Juillet 1631, 4 Juillet 1676, 29 Février 1699, & 15 Août 1718, dans lesquelles les Propriétaires de la Henriere ont reconnu tenir du Chapitre à cause de sa Seigneurie de Landelle les deux pieces de terres mentionnées dans la Sentence du 4 Janvier 1525, & sept autres qui étoient les pieces contentieuses au procès, & qui avoient toujours été comprifes dans les aveux rendus à la Seigneurie de Courville. Mais deux moyens également invincibles s'élevoient à cet égard contre le Chapitre.

Le premier eft que la Sentence du 4 Janvier 1525 qui étoit le premier titre du Chapitre, réduifoit fon droit de champart fur les terres de la Henriere en conformité, de fa propre demande, à deux pieces de terres de fix & de quatre feptiers qui n'ont jamais fait partie de celles réclamées par M. le Duc de Sully. On fçait qu'en matiere de Fief il faut toujours remonter au premier titre : *Ad primordium tituli*, dit Dumoulin, *totus formatur eventus.* Pour que le Chapitre de Chartres eût pû prétendre droit de champart au-de-là de ces 2 pieces, il eût fallu qu'il juftifiât de quelques contrats d'accenfement ou de quelqu'autre titre d'acquifition faite depuis 1525 par les Proprietaires de la Henriere dans l'étendue de fa Seigneurie de Landelle. Cette preuve n'étant point faite, & étant même impoffible, au moyen de celle écrite dans les aveux de Courville que les Proprietaires de la Henriere poffedoient plus anciennement les terres contentieufes, on ne pouvoit que décider contre le Chapitre, & le ramener à fon premier titre. La déclaration de 1631, & les fuivantes, n'ont été regardées que comme le principe d'une ufurpation recente qui devoit être reprimée avec d'autant plus de raifon, que quoique le Chapitre de Chartres ait d'anciens terriers de fa Seigneurie de Landelle, & qu'il y eût preuve au procès qu'il les avoit produits dans d'autres occafions, il n'a jamais voulu & ne veut point encore les repréfenter, de crainte qu'on y trouve la preuve de cette ufurpation recente tentée pour la premiere fois en 1631.

Le deuxiéme moyen qui a décidé contre le Chapitre de Chartres, a pris fa fource dans l'ancienneté & dans la fuperiorité des titres de M. le Duc de Sully. On fçait quel eft le principe dans cette matiere, *fimplex recognitio non difponit, nec mutat ftatum rei.... probatá inveftiturá rei ftatur, & recognitio fequens quatenus ei contraria eft, tanquam erronea rejicitur; in conflictu probationum, titulata & antiquior vincit.* Les aveux rendus à M. le Duc de Sully, où les Terres contentieufes étoient nommément comprifes, étant anterieurs de plus d'un fiécle à la déclaration de 1631, & aux fuivantes, repréfentées par le Chapitre, il étoit évident que ces déclarations ne pouvoient donner atteinte au droit & à la poffeffion des Seigneurs de Courville, & encore moins préjudicier au Seigneur de Fief qui a toujours été fervi des mêmes pieces de terres, ni changer la nature de leur tenure féodale.

Le Chapitre a encore placé au nombre de fes titres une Sentence du 27 Février 1635 qui maintient le Seigneur de Courville en tout droit de haute-Juftice fur le lieu de la Henriere & dépendances, *même fur une piece de terre en laquelle eft une marre tenant à un chemin qui la fepare d'une piece de terre labourable appartenante aux Proprietaires de la Henriere, fur laquelle, eft-il dit, le Chapitre leve le champart.* Mais c'eft avouer fa difette de titres que d'en préfenter de femblables.

Il n'étoit nullement queftion dans cette Sentence du droit de champart. Il ne s'agiffoit uniquement que du droit de Juftice refpectivement prétendu par le Comte d'Orval, Seigneur Courville, & par le Cha-

pitre

pitre , dans lequel le Seigneur de Courville eft maintenu. Lui feul peut par conféquent en tirer avantage.

Il eft vrai que cette Sentence au fujet des tenans de la Marre énonce que le Chapitre a droit de Champart fur une piece voifine , & qu'il paroît que le Seigneur de Courville ne s'eft point oppofé à cette énonciation ; mais la conféquence que le Chapitre en tiroit, que fa proprieté du droit de Champart fur cette piece de Terre avoit été annoncée & confirmée en Juftice , n'eft pas moins une erreur évidente , parce qu'on ne connoît de contradiction fur un titre que celle qui nait de l'examen de ce même titre , & de la queftion qui fe forme à fon fujet, & de fa décifion précife ; or il eft certain entre les Parties , qu'il n'y a jamais eu de conteftation jugée par la Sentence de 1635 , que fur la mouvance du lieu où étoit fituée la Marre. Le Comte d'Orval qui n'avoit en vûë que le maintien de fa Juftice fur le lieu de la fituation de cette Marre , n'a point dû être en garde contre une énonciation indifferente , & il étoit encore moins obligé à propos de cette énonciation vague , & fans relation à la conteftation, d'abandonner fon objet, & de faire un nouveau Procès au Chapitre par prévoyance fur les fuites d'une pareille énonciation , & de l'abus qu'on en pourroit faire dans la fuite.

La Sentence du 26 Mars 1665 , qui eft le troifiéme titre du Chapitre , mérite encore moins d'attention que les précedentes. Il fuffit , pour en convaincre, d'expliquer le fait ainfi qu'il s'eft paffé.

Le 21 Mars 1627, le fieur de la Motte a acquis des fieurs d'Allieres le Fïef de la Henriere , & on prétend qu'il fut énoncé dans fon contrat que partie des Terres qui en dépendoient , étoient tenus à Champart de la Seigneurie de Landelle , ce qui occafionna la déclaration qu'il donna au Chapitre en 1631.

En 1663 „ le fieur du Mouchet qui avoit acquis en 1656 le Fief de la Henriere , & qui dès 1657 l'avoit revendu aux Religieufes de Courville , fut pourfuivi par le Chapitre pour le payement des lots & ventes de fon acquifition , & il y fut condamné par la Sentence du 28 Mars 1665 , pour ce qui étoit mouvant de Landelle , fuivant la ventilation qui en feroit faite. Ni les Religieufes , ni les Seigneurs de Courville ne prirent aucune part dans cette conteftation qui ne leur étoit pas connuë.

La conféquence qu'on a voulu en tirer au Procès , a été que le droit du Chapitre fur une portion du Domaine de la Henriere , avoit été reconnu par les Seigneurs de Courville mêmes.

Mais il eft évident que rien n'étoit plus faux que cette conféquence, & qu'un fait auffi étranger ne pouvoit jamais donner atteinte aux droits féodaux appartenans aux Seigneurs de Courville fur le Fief de la Henriere & fes dépendances ; on n'a en effet jamais contefté que les Proprietaires de la Henriere avoient poffedé quelques pieces de Terres fituées dans l'étendue de la Seigneurie de Landelle , qu'ils avoient joint à leur Domaine de la Henriere ; ainfi il n'y avoit rien d'étonnant que dans le contrat de vente de ce Domaine fait au fieur de la Motte en 1627 , on eût énoncé que portion des Terres en dépendantes étoient tenues à Champart de la Seigneurie de Landelle. On peut d'autant moins en exciper contre le Seigneur de Courville que dans le même tems , les Sieurs d'Allieres, vendeurs, n'en avoient pas moins compris la totalité du Fief & les Terres en dépendantes, singulierement celles dont il s'agit, dans leur aveu du 17 Juillet 1621, à la Baronnie de Courville; & que le sieur de la Motte, Acquereur, n'en porta pas moins sa foi & hommage au Seigneur de Courville le 11 Juin 1627, dans laquelle il en désigna la consistance, de même que dans les précedens aveux, le tout contenant six muids trois septiers en plusieurs pieces; ce qui est répeté dans son dénombrement du six Juillet suivant.

Depuis le 7 Juillet 1633, la souffrance en ayant été demandée par le tuteur de la Dlle. sa fille, l'acte lui en fut accordé, & il contient le détail des mêmes pieces & des mêmes quantitez de terres.

En 1656, ce Fief ayant été vendu au sieur du Mouchet, & revendu par lui aux Religieuses de Courville en 1657, avec la remise de l'acte de prise de possession du sieur de la Motte, du 22 Juin 1627, & l'arpentage de toute la Terre qu'il avoit fait faire au mois de Juin 1631, qui en contient la consistance telle qu'elle est énoncée dans les anciens aveux; ces Religieuses n'en ont pas moins reconnu la mouvance, & fourni leur dénombrement conforme aux précedens, le 30 Juillet 1657, ensorte que jusqu'alors comme depuis, les Seigneurs de Courville ont toujours été exactement servis de leurs droits.

Comment dans cet intervale le Sr. de la Motte avoit-il pû comprendre dans sa déclaration au Chapitre, du 20 Juillet 1631, une portion des pieces des terres qu'il avoit reconnu tenir en Fief, comme faisant partie de la Henriere dans son aveu du 10 Juillet 1627, à la Seigneurie de Courville, & qui étoient énoncées dans son acte de prise de possession, du 22 Juin 1627, & comprises dans l'arpentage qu'il avoit fait faire au mois de Juin précedent; c'est ce que l'on ne pouvoit imputer qu'à un concert de fraude, ou à une usurpation de la part du Chapitre, qui ne pouvoit préjudicier à M. le Duc de Sully, puisque ses Auteurs ont toujours été servis des mêmes terres comme tenues en Fief.

La même circonstance écarte l'induction tirée par le Chapitre, de la Sentence de 1665.

Le Sieur du Mouchet, Acquereur, étant poursuivi par le Chapitre en 1663, afin de payement de lots & ventes de son acquisition, pour raison des pieces de terres qui y étoient comprises, comme faisant partie du Domaine de la Henriere, reconnut tellement que les pieces de terres pour lesquelles ces lots & ventes lui étoient demandées, étoient differentes de celles qu'il servoit en Fief aux Seigneurs de Courville, qu'il ne leur dénonça pas la demande formée contre lui; le Seigneur de Courville entierement servi & payé de ses droits, n'avoit aucun interêt dans cette contestation. Tout ce qui s'est passé à cet égard lui est absolument étranger, & ne peut lui préjudicier.

Il en est de même de la possession tant vantée par le Chapitre de Chartres, & dans laquelle il prétendoit s'être maintenu jusqu'au moment de la contestation, de lever le champart sur les pieces d'heritages qui étoient contentieuses. Cette possession pouvoit être de quelque poids vis-à-vis des Censitaires qui l'avoient payé, en cas qu'ils eussent voulu s'y fouftraire ; mais vis-à-vis de M. le Duc de Sully, avec lequel elle n'étoit point contradictoire, elle ne pouvoit être d'aucune confideration. Les mêmes terres ne pouvant être tout à la fois tenuës en Fief & en Cenfive, & s'agiffant de fe déterminer entre le Seigneur Féodal ou le Seigneur Cenfier, on n'a pû le faire qu'en faveur de celui des deux qui avoit en fa faveur les titres les plus anciens, les mieux fuivis & les plus folemnels, fuivant cette maxime, *in conflictu probationum titulata & antiquior vincit.*

Il eft donc évident que dans l'état où étoit le Procès en **1742**, le Chapitre de Chartres ne pouvoit le gagner, & que fi les chofes font encore dans la même fituation, la Requête civile qu'il propofe n'a aucun objet, puifqu'après l'avoir enterinée, il faudroit juger de même. Il ne refte par confequent pour achever cette premiere propofition, qu'à faire voir que les pieces nouvelles qu'il repréfente, n'ajoutent rien à fon droit, & ne peuvent rendre fa caufe meilleure ; & c'eft ce qui ne fera pas difficile à établir.

Trois pieces nouvelles font aujourd'hui préfentées par le Chapitre, la premiere du 25 Septembre 1498, eft une déclaration donnée par Guyon de Fromentiere, au nom & comme fondé de procuration de Demoifelle Ifabeau de l'Epine fa mere, veuve de Jean de Fromentiere, heritiere d'Agnés d'Illiers, veuve de Jean de l'Epine, par laquelle elle reconnoît, dit-on, que les Terres de la Henriere appartenantes à fa mere font chargées du Champart envers le Chapitre de Chartres, à la referve de la quantité de 16 feptiers de terres, qui ne font aucunement tenues du Chapitre, encore qu'elle ayent été comprifes dans l'acte de rachat, du 16 Juillet 1494.

La feconde, du 28 Octobre 1540, eft une déclaration de la Baronie de Courville, aux Commiffaires du Confeil, pour le fervice du ban & arriere ban, par le fieur le Vaffeur, au nom & comme Procureur de Dame Marie de Beaumanoir, veuve du Seigneur de Courville, dans laquelle il n'eft fait aucune mention du Fief de la Henriere.

La troifiéme du 2 Juillet 1627, eft un payement fait au Chapitre de Chartres, par Salomon de la Motte, Seigneur de la Henriere, de la fomme de 300 liv. pour les ventes de l'acquifition par lui faite de la Métairie de la Henriere, en ce qu'il dépend de la Seigneurie de Landelle.

La confequence tirée par le Chapitre de Chartres de ces pieces, eft qu'elles mettent fon droit dans la derniere évidence, & que fi elles avoient été produites au Procès, il n'y eût pas fuccombé.

Loin que ces pieces puiffent prouver l'injuftice que le Chapitre de Chartres prétend lui avoir été faite, elles ne font propres au contraire qu'à établir le bien jugé de l'Arrêt du 29 Août 1742 ; mais avant de le juftifier, on croit devoir faire faire une obfervation fur la mauvaife foi infigne qui regne dans la défenfe du Chapitre de Chartres.

La déclaration du 25 Septembre 1498, n'eft point une piece nouvellement recouvrée détenue par le fait des Adverfaires du Chapitre elle étoit pendant tout le cours du Procès jugé par l'Arrêt du 29 Août 1742 dans les Archives du Chapitre. Ce Procès a duré 17 ans. Le Chapitre a eu tout le tems de réflechir s'il lui étoit utile ou nuisible de la re-préfenter , & il a conclu avec raifon , qu'il ne devoit pas la montrer , parce qu'il ne pouvoit tirer autant d'utilité des termes vagues & géne-raux qui s'y trouvent , qu'il pouvoit fouffrir de préjudice de l'exception qu'elle contient de la piece de 16 feptiers, que le Chapitre prétendoit alors être dans fa directe : Donc rien n'a été plus médité de fa part que la reticence à laquelle il s'eft déterminé. Lorfque le Procès eft jugé, & qu'il y a fuccombé , il tire cette même piece de la poufliere de fes Ar-chives , & il la produit comme un titre auquel il n'eft pas poffible de réfifter. Il fuffit d'oppofer à cette nouvelle idée le fentiment que le Cha-pitre en a lui-même porté d'abord , dans un tems où il étoit plus défin-tereffé , & par confequent plus à portée d'en juger clairement. Si cette piece eût été auffi décifive qu'il veut le perfuader , il n'eût pas hefité alors de lui faire voir le jour. S'il la repréfente aujourd'hui , ce n'eft pas même qu'il ait changé d'opinion à ce fujet, il n'y eft forcé que par un défefpoir de caufe , qui ne lui produira pas un grand fruit. L'examen de la piece fuffit pour en convaincre.

Cette piece qui eft repréfentée dans une forme peu autentique, pa-roît être un acte de foi rendu par Guyon de Fromentiere, au nom & comme Procureur de la Dame de l'Epine fa mere, au Chapitre de Char-tres , du Fief & Manoir de la Chenardiere affis en la Paroiffe, & Pré-vôté de Landelle, appartenant au Chapitre , avec quittance d'une fomme de 12 liv. pour les rachat & relief qu'elle pouvoit devoir au Chapitre par la mort de fon mari à raifon de ce Fief. *Pareillement con-feffe*, continuë l'acte, *que toutes les terres de la Henriere appartenantes à icelle Demoifelle , étoient & font chargées & redevables envers lefdits du Chapitre du droit de Champart, excepté la quantité de 16 feptiers de terre , qui ne font aucunement tenus du Chapitre ; combien toutes fois qu'elles lui ayent été reconnues lors de certaine compofition paffée fous le Scel du Chapitre , le Mercredy 16 Juillet* 1494.

Plufieurs réflexions fur cet acte détruifent tout l'avantage que le Chapitre veut en tirer.

1°. Il y a tout lieu de prefumer que cet acte eft faux, & a été fabri-qué après coup, puifqu'il eft juftifié par une copie exacte du livre fur lequel le Chapitre dit avoir tranfcrit l'acte du 16 Juillet 1494, que dès le 13 Juillet 1498, Guy de Fromentiere avoit rendu la foi & payé au Chapitre le rachat de la Mairie de la Chenardiere, à lui advenuë, fuccedée & échuë ( porte l'acte ) par la mort & trépas de Demoifelle Yfabeau de Lepine fa mere. Si au 13 Juillet 1498, Guy de Fromen-tiere avoit rendu la foi & payé le rachat auquel le decès de la Dame fa mere donnoit lieu , il n'a pû trois mois après paffer une déclaration au Chapitre comme fondé de fa procuration.

Inutilement le Chapitre diroit-il que cette copie n'eft pas autentique. Elle eft très-ancienne, & tranfcrite d'après le Regiftre même fur lequel le Chapitre a extrait l'acte du 16 Juillet 1494. Il n'y a qu'une voye pour le Chapitre de diffiper les juftes foupçons que cette copie fait naître ; c'eft de reprefenter ce Regiftre. Tant qu'il ne le fera pas, les foupçons fubfifteront , & fuffiront pour ne pas permettre qu'on ajoute aucune foi à cette piece.　　　　　　　　　　　　　　　　　　　　2°.

2°. L'acte du 16 Juillet 1494 qu'il ne faut pas féparer de celui du 25 Septembre 1498, eft la piece la plus victorieufe contre le Chapitre, puifqu'elle prouve que le Chapitre ne prétendoit alors la directe des pieces de la Henriere que fur 16 feptiers. S'il l'eût eue fur 40 feptiers, pourquoi n'eût-il demandé les droits que fur 16 feptiers? Ses propres titres font faits pour dépofer perpetuellement contre lui. L'acte de 1498 n'a été fait après coup, que pour diffiper la conféquence naturelle qui naiffoit de celui de 1494. Mais la fraude eft trop évidente pour réuffir.

3°. L'induction que le Chapitre tire de cet acte n'eft fondée que fur la fuppofition que fait le Chapitre, que le Fief de la Henriere étoit alors poffedé par la Dame de Fromentiere. Mais la fuppofition eft démontrée fauffe, tant par l'aveu rendu à Courville le 11 Octobre 1512, quatorze ans après cet acte, par lequel il eft juftifié que le Fief appartenoit au fieur de Renty, & qu'il étoit compofé des pieces d'heritages reclamées au Procès par le Seigneur de Courville; que par la prétendue déclaration même du 25 Septembre 1498, dans laquelle Guyon de Fromentiere ne rapporte pas au Chapitre toutes les terres de la Henriere, mais celles fimplement appartenantes à la Dame fa mere. Cette réflexion fe fortifie par la confideration que le terroir de la Henriere s'étend jufques dans la Paroiffe de Landelle, qu'on ne contefte point au Chapitre la Seigneurie cenfuelle & le droit de champart fur les pieces de terres qui y font enclavées, & qu'il eft évident par le contexte de l'acte, que c'étoient ces pieces de Terre que la Dame de Fromentiere poffedoit.

Si on joint à ces réflexions l'induction victorieufe qui naît contre le Chapitre de la Sentence du 4 Janvier 1525, lors de laquelle on voit qu'il ne prétendoit le droit de champart que fur 10 feptiers de terres, dans le nombre de celles appartenantes aux Seigneurs de la Henriere, on demeure convaincu que c'eft de ces pieces de terres fituées dans la Paroiffe de Landelle, que doivent uniquement s'entendre les termes vagues & generaux de la déclaration du 25 Septembre 1498, & qu'ainfi c'étoit avec raifon que le Chapitre ne l'avoit pas produit dans le Procès jugé par l'Arrêt de 1742, comme lui étant plus nuifible que favorable : d'où il réfulte par une feconde conféquence également néceffaire qu'elle eft incapable de porter aucune atteinte à l'Arrêt qui a profcrit l'ufurpation qu'il a voulu faire du furplus des terres de la Henriere.

La feconde piece du 2 Octobre 1540 ne méritoit pas d'être rapportée, & annonce une grande difette de titres. Il eft vrai que la Barone de Courville, dans fa déclaration au ban & à l'arriere-ban ne fait aucune mention du Fief de la Henriere, mais elle ne fait pareillement aucune mention de tous les autres Vaffaux relevans de fa Terre, parce que cette déclaration n'avoit pour objet que de donner une idée du Domaine utile, & que le Domaine direct n'y entroit pour rien ; fi l'argument que le Chapitre veut en tirer pouvoit avoir lieu, il faudroit aller jufqu'à dire que la Baronnie de Courville perdroit tous fes Vaffaux parce qu'il n'en a été exprimé aucun dans cette piece ; une conféquence auffi abfurde n'a pas befoin d'être réfutée.

E

La quittance du 2 May 1627 eſt dans le même cas, que la déclaration de 1540.

Il paroît par cette quittance que le Chapitre a alors reçu la ſomme de 300 livres pour les lots & ventes des Terres de la Henriere qui étoient dans ſa Seigneurie de Landelle ; mais 1°. On n'a jamais conteſté que les Seigneurs de la Henriere ne poſſedaſſent des terres dans la Seigneurie du Chapitre, c'eſt ſans doute pour ces mêmes terres que ces lots & ventes ont été payez. Il n'y a rien dans la quittance qui puiſſe tendre à faire croire que ces lots & ventes ont été payez pour les terres tenues en Fief de Courville, & dont le Seigneur de Courville étoit alors exactement ſervi. 2°. Cette piece ne peut pas être conſiderée comme une piece nouvelle ; puiſqu'elle eſt relative à la déclaration faite dans le contrat du ſieur de la Motte du 21 May précedent, que portion des terres qui lui étoient venduës étoit ſujette à champart envers le Chapitre, & que cette énonciation a été pleinement réfutée dans le Procès.

La conſéquence qui réſulte de ce détail eſt, que les choſes ſont aujourd'hui préciſément dans le même état qu'elles étoient lors de l'Arrêt du 29 Août 1742, que le Chapitre ne rapporte aucunes pieces nouvelles capables de faire changer la déciſion ; & que ſi on avoit à juger aujourd'hui, les titres de M. le Duc de Sully étant ſuperieurs par leur ancienneté, leur nombre & leur qualité, il faudroit juger de même qu'on a fait en 1742. La Requête Civile n'a donc aucun objet, & le Chapitre par le défaut d'interêt eſt non-recevable à en provoquer l'entérinement ; puiſque cet entérinement ne produiroit que de nouveaux frais ſans aucune utilité pour lui. *L'on ne doit pas*, dit Bornier, ſur l'art. 33 du tit. 35 de l'Ordonnance de 1667, *enteriner une Requête Civile par le mérite du fonds, parce que ce ſeroit recevoir des griefs contre l'Arrêt ; mais ce ſeroit inutilement multiplier les Procès, que de reſtituer les Parties contre un Arrêt, lorſqu'on connoîtroit avoir été bien jugé, quoiqu'en la forme il y eût quelque choſe à redire.* On va prouver dans un moment que nous ne ſommes point ici dans ce dernier cas, & qu'il n'y a rien du côté de la forme à reprocher à cet Arrêt ; mais on croit du moins avoir démontré qu'il eſt au-deſſus de toute atteinte du côté du fonds, & qu'il n'y a qu'un eſprit proceſſif de tout tems reproché au Chapitre de Chartres, & dont tous ſes voiſins ſe reſſentent, qui lui ait dicté une Requête Civile, abſolument deſtituée d'objet & d'interêt.

## SECONDE PROPOSITION.

*Il n'y a aucun moyen de Requête Civile.*

Le Chapitre de Chartres a propoſé dans ſes Lettres deux moyens de Requête Civile, l'Egliſe non valablement défenduë, le dol perſonnel. Ces deux moyens ſont également frivoles.

Par rapport au premier, qui conſiſte à dire qu'il n'a pas été valablement défendu ; après le détail dans lequel on eſt entré dans la premiere propoſition, il ne ſera pas difficile à écarter.

Pour que l'Egliſe puiſſe dire qu'elle n'a point été valablement défenduë, il faut, suivant le Procès-verbal des Conférences de l'Ordonnance de 1667, qu'elle justifie que ses principales défenses de fait ont été obmises, & que ce défaut a donné lieu à ce qui a été jugé, qui l'auroit été autrement si ces défenses n'avoient pas été obmises. Les défenses de droit en les supposant obmises, ne peuvent jamais faire un moyen de Requête Civile; parce que la Cour est présumée les suppléer; & que comme dit M. Louet *habet in scrinio pectoris omnia jura.* Il en est de même des inductions avantageuses qu'on auroit pû tirer des pieces produites, ou des vices qui auroient pû s'y trouver, qu'on auroit négligé d'y relever. Ces pieces ayant passée sous les yeux de la Cour, aucune induction ni aucune critique possible n'est censée avoir échappé à la Cour. Il suffit qu'elle ait vû la piece pour qu'elle soit réputée y avoir apperçu tout ce que l'esprit humain pouvoit y découvrir.

Il faut donc d'abord écarter les obmissions que le Chapitre de Chartres impute à son Défenseur lors de l'Arrêt du 29 Août 174°, & qu'il présente comme une circonstance propre à établir qu'il n'a pas été valablement défendu. Quand il seroit vrai que M. le Duc de Sully auroit produit des pieces informes, qu'il leur auroit donné une datte fausse, & que son Défenseur n'eût pas relevé ces vices; il ne pourroit plus en être aujourd'hui question; parce que ce qui auroit été négligé par ce Défenseur, n'a certainement pas échappé aux lumieres superieures de la Cour, & que quand elle s'est déterminé en faveur de M. le Duc de Sully, ce ne peut être que parce que ces vices, ou n'étoient pas réellement fondez, ou ne pouvoient influer sur la décision.

Le surplus du moyen proposé à cet égard par le Chapitre de Chartres s'écarte par les observations qui ont été faites ci-dessus. On a vû que le Chapitre ne présente aujourd'hui que trois nouvelles pieces, la déclaration de 1498, celle de 1540, & la quittance de 1627; mais de ces pieces les deux dernieres sont entierement indifférentes, & étoient remplacées au Procès par la déclaration du 7 Avril 1540, & par le contrat du 21 May 1627, dont le Chapitre tire les mêmes inductions. La troisiéme donne bien au Chapitre un droit de champart; mais uniquement sur les terres situées dans sa Seigneurie de Landelle, ce qui ne peut jamais l'autoriser à le lever sur des pieces de terres situées dans les Paroisses de Chuisnes & de Courville, dépendantes de la Seigneurie de Courville. Ainsi quand cette piece eût été au Procès, comme elle ne désignoit en aucune façon le droit que le Chapitre vouloit s'attribuer sur les heritages contentieux, elle n'eût pas fait changer la décision. On a même vû que ce qui a empêché le Chapitre de la produire a été qu'elle contredisoit entierement sa prétention sur une piece de 16 septiers qui étoit du nombre de celles qu'il prétendoit. Il ne peut donc pas dire que sa défense a été négligée. Il suffit de comparer les écritures qu'il a fournies au Procès avec les nouveaux moyens qu'il prétend avoir découverts, pour se convaincre que ces dernieres ne sont qu'une répetition, habillée avec art, de tout ce qu'il a dit dans le Procès jugé par l'Arrêt du 29 Août 1742. Ce n'est point-là le cas où l'ouverture de Requête Civile tirée d'Eglise non valablement défendue puisse être admise.

Le dol personnel reproché aux Gens d'affaires de M. le Duc de Sully est encore plus frivole.

Avant de répondre aux circonſtances deſquelles on prétend le faire réſulter; il faut d'abord déterminer ce que c'eſt que le dol perſonnel. On examinera enſuite ſi les caracteres qui le conſtituent & qui le rendent un moyen de Requête Civile peuvent s'appliquer à l'eſpece particuliere des Parties.

En general le dol perſonnel ſe définit, toute ſurpriſe, fraude, fineſſe, & toute autre mauvaiſe voye pratiquée pour ſurprendre le Juge, & nuire à ſa Partie. *Calliditas, fallacia, machinatio ad circumveniendum, fallendum, decipiendum alterum adhibita.* Loi 1 §. 2, au ff. *de dolo.*

Pour former le dol perſonnel, & qu'il puiſſe devenir un moyen de Requête Civile, le concours de deux circonſtances eſt néceſſaire, le deſſein de tromper & de ſurprendre, & l'évenement effectif de la tromperie, Loi 1, *in fine* au ff. *de ſtatu liberis.*

Pour établir ce concours du deſſein & de l'évenement, la Loi demande trois conditions. La premiere, que la Partie ait avancé des faits faux ; la ſeconde, que le Jugement ait été rendu ſur le fondement de ces faits faux avancez par la Partie. Enfin la troiſiéme, que la Partie ait avancé ces faits faux, malgré la connoiſſance perſonnelle qu'elle avoit du contraire.

Ces trois conditions ſont néceſſaires pour former le dol perſonnel, c'eſt la diſpoſition de la Loi 75, au ff. *de judiciis. Si per dolum, ſciens falſo aliquid allegaverit, & hoc modo conſecutum eum ſententia Prætoris liquido fuerit approbatum, exiſtimo debere Judicem querelam rei admittere . . . . . . .* Si une de ces conditions manque, c'eſt-à-dire, ſi la Partie a avancé des faits faux contre ſa connoiſſance ; mais que ces faits ne fuſſent pas de nature à fonder la déciſion, & que le fait rétabli dans ſa verité n'eût pas été capable de faire changer le Jugement ; il n'y a pas lieu à l'ouverture de Requête Civile admiſe par l'Ordonnance. Pour y donner lieu, la Loi veut que le fait fût de nature à déterminer le Juge, & à captiver ſon ſuffrage. *Et hoc modo conſecutum cum ſententia Prætoris liquido fuerit approbatum.*

On ne croit pas que le principe ſoit conteſté. Cette Loi a été reçue dans nos uſages, & les Auteurs qui ont traité des premiers élemens de l'ordre judiciaire en ont unanimement admis la diſpoſition,

Voyons préſentement ſi les trois caracteres qui conſtituent le dol perſonnel peuvent s'appliquer à la conduite qu'on reproche aux Gens d'affaires de M. le Duc de Sully.

On fait réſulter ce dol perſonnel de deux actes produits au Procès ; l'un ſous la datte du 18 Août 1529 ; l'autre ſous celle du 18 Juin 1538.

Examinons ſéparément ce qui les concerne. Par rapport au premier produit au Procès ſous la datte du 18 Août 1529 qui ſe lit en marge : On ſuppoſe qu'il contient une déclaration de la Seigneurie de Courville pour le ſervice du ban & arriere-ban en execution de l'Ordonnance du Roi François I. du mois d'Octobre 1539 ; & d'après cette ſuppoſition on ſe croit en droit de dire que jamais piece ne fut plus informe, ni mieux convaincuë de dol & de fraude.

La réponſe eſt facile. L'acte dont il s'agit n'eſt point une déclaration donnée au Roi pour le ban & arriere-ban. C'eſt un aveu de la Terre fourni par le Seigneur de Courville au Roi ſon ſuzerain ; la datte en eſt réellement du 18 Août 1529 ; telle qu'elle lui a été donnée en marge. La preuve en réfulte d'une copie de cet aveu collationnée le 16 Janvier 1531, que M. le Duc de Sully repréfente, dans laquelle on a donné à cet aveu la même datte du 18 Août 1529 ; ce qui n'a pû être fait que fur l'original qui exiftoit alors dans fon entier. On fent, au furplus, que rien n'étoit plus indifférent que cette datte, & que les Gens d'affaires de M. le Duc de Sully, s'ils n'y euffent pas été autorifez par cette copie collationnée, qui n'eft pofterieure à l'aveu que de feize mois, n'euffent eu aucun intérêt à la lui donner. En effet, que l'acte fût du 18 Août 1529 ou du 18 Août 1539, ainfi qu'il eft dit par erreur dans le dénombrement du 13 Septembre 1602, il fuffifoit que la piece exiftât à une datte ancienne, quelle qu'elle fût, pour qu'il fut en droit d'en tirer les mêmes inductions.

A l'égard de la forme de cet aveu, on convient qu'il n'eft pas rapporté en entier, & que l'ancienneté de l'acte en a emporté la fin ; mais 1°. Ce vice a été relevé dans toutes les écritures que le Chapitre a fournies dans le Procès. 2°. M. le Duc de Sully l'a lui-même annoncé dans fon Mémoire. Il y eft dit à la page 9 que la fin s'en trouve déchirée ou emportée par fucceffion de tems ; mais que la datte en eft rappellée dans l'aveu fuivant du 13 Septembre 1602, ce qui fe trouve en effet. On étoit donc bien éloigné de fa part de vouloir furprendre, & rien n'approche moins des caracteres aufquels la Loi reconnoît le dol qu'elle a admis comme un moyen de Requête Civile.

Le dol n'a pas eu plus de part à la datte donnée à l'aveu de la Henriere rendu à Courville en 1550 ou 1551, & auquel on a donné en marge la datte du 18 Juin 1538 ; ce qui a induit à cet égard en erreur eft que le Notaire qui l'a délivré a dit l'avoir tranfcrit fur un gros Regiftre relié en veau, où font écrits les aveux & dénombremens rendus à Courville, & ce, à la fuite d'un aveu rendu par noble homme Pierre le Prince, Ecuyer, Seigneur de la Breche & de la Haye, en datte du 18 Juin 1538, & qu'on a cru que cette aveu étoit de la même datte, que celui à la fuite duquel il fe trouvoit fur le Regiftre. Mais on a eu fi peu intention de tromper fur cette datte, qu'on a fait copier avec l'aveu la procuration en conféquence de laquelle il eft rendu, qui eft de 1550. Ce qui fuffifoit pour faire connoître que l'aveu ne pouvoit être de 1538.

On convient que cette erreur dans a datte de cet aveu paroît n'avoir point été relevée par le Défenfeur du Chapitre. Mais il n'en réfulte pas qu'elle lui eût échappé ; on doit penfer au contraire qu'il ne l'a regardée que comme indifférente à la décifion ; & en cela, il s'en faut bien qu'il n'ait compromis la caufe qu'il défendoit. Tout ce que cette circonftance peut prouver, eft que cette même erreur n'a point été découverte par les Gens d'affaires de M. le Duc de Sully, & que ne pouvant influer fur la décifion, le dol n'y a eu aucune part. Il en eft tout autrement par rapport à la Cour ; cette piece & la procuration ayant paffé fous fes yeux, il eft certain que cette erreur n'a point échappé à fes lumieres ; & que fi elle s'eft déterminée contre le Chapitre, c'eft que la piece n'avoit pas moins de force à la datte de 1550 qu'à celle de 1538, & que d'ailleurs M. le Duc de Sully rapportoit beaucoup d'autres titres fuperieurs à ceux du Chapitre, fuffifans pour réunir, comme ils le furent, tous les fuffrages en fa faveur.

Il n'y a donc ici véritablement aucun moyen de Requête Civile. L'Eglife a été auffi parfaitement défendue qu'elle pouvoit l'être. Elle feule a fupprimé pour fon utilité particuliere la piece qu'elle n'a point alors produite ; quand elle l'auroit produite, la décifion n'eût point changé. Nul dol n'a entré dans la défenfe propofée de la part de M. le Duc de Sully. Si les Agens de quelqu'une des Parties s'en étoient rendus coupables, ceux du Chapitre mériteroient feuls ce reproche. M. le Duc de Sully a donc lieu de fe flatter qu'on profcrira une odieufe tentative, qui n'a pour objet que de le replonger, fans fruit & fans interêt, dans le Procès immenfe terminé par l'Arrêt du 29 Août 1742.

*Monfieur* GILBERT DE VOISINS, *Avocat General.*

M<sup>e</sup>. BROUSSE, Avocat.

PRUNGET, Proc.

De l'Imprimerie de PAULUS-DU-MESNIL, ruë Ste. Croix en la Cité 1744.